BEI GRIN MACHT SICH IHR
WISSEN BEZAHLT

AF151941

- Wir veröffentlichen Ihre Hausarbeit,
  Bachelor- und Masterarbeit

- Ihr eigenes eBook und Buch -
  weltweit in allen wichtigen Shops

- Verdienen Sie an jedem Verkauf

Jetzt bei www.GRIN.com hochladen
und kostenlos publizieren

Natalie Romanov

Franz Grillparzer: "Der arme Spielmann." Eine Erzählung (1848) - im Überblick

GRIN Verlag

Bibliografische Information der Deutschen Nationalbibliothek:

Die Deutsche Bibliothek verzeichnet diese Publikation in der Deutschen National-
bibliografie; detaillierte bibliografische Daten sind im Internet über http://dnb.d-
nb.de/ abrufbar.

Impressum:

Copyright © 2008 GRIN Verlag, Open Publishing GmbH
Druck und Bindung: Books on Demand GmbH, Norderstedt Germany
ISBN: 978-3-640-83198-2

Dieses Buch bei GRIN:

http://www.grin.com/de/e-book/166975/franz-grillparzer-der-arme-spielmann-eine-
erzaehlung-1848-im-ueberblick

GRIN - Your knowledge has value

Der GRIN Verlag publiziert seit 1998 wissenschaftliche Arbeiten von Studenten, Hochschullehrern und anderen Akademikern als eBook und gedrucktes Buch. Die Verlagswebsite www.grin.com ist die ideale Plattform zur Veröffentlichung von Hausarbeiten, Abschlussarbeiten, wissenschaftlichen Aufsätzen, Dissertationen und Fachbüchern.

Besuchen Sie uns im Internet:

http://www.grin.com/

http://www.facebook.com/grincom

http://www.twitter.com/grin_com

Als ein armer Geiger in das Gasthaus kam, wo der Dichter Franz Grillparzer häufig speiste, fiel er ihm "durch eine auffällige Sauberkeit seines ärmlichen Anzuges" (aus: Grillparzer, Gespräche) und wegen seinen kurzen lateinischen Danksagungen, wenn man ihn beschenkte, auf. Das Schicksal dieses armen Spielmannes interessierte den österreichischen Schriftsteller so sehr, dass er sich entschloss einen autobiographischen Roman zu schreiben, der aber nach mehreren Überarbeitungsversuchen doch nur als die kurze Rahmennovelle „Der arme Spielmann" (1848) enden sollte:

Dabei ist sehr viel in diese Erzählung hineingebaut- die Tatsache, dass der Ich- Erzähler auf einem Volksfest einem alten Spielmann begegnet, der die bereits am Anfang erwähnten Eigenschaften besitzt und ihn am nächsten Tag in seiner ärmlichen Behausung besucht, sowie die komplette Lebensgeschichte, die ihm der Spielmann Jakob erzählt. Seiner Umwelt entzogen und immer musikalisch orientiert, hatte er es- trotz seines einflussreiche Vaters- in allen Bereichen des Lebens nicht sehr weit gebracht. Als er sich sogar am Schluss um seine Erbschaft betrügen ließ, war selbst Barbara, die Liebe seines Lebens, gezwungen Jakob als armen Geiger zu verlassen. „Dass sie nun alles Kummers los war, […] und nicht nötig hatte, […] Kummer und Elend zu tragen, das legte sich wie ein linderndes Balsam auf meine Brust" [S.51/6-11f] Barbara muss aber doch am Ende viel weinen, denn, wie der Erzähler erfährt, ist der alte Mann, der die Kinder aus der Nachbarschaft vor dem Hochwasser gerettet hat, an einer Erkältung gestorben. „Ja, unser armer Alter! Der musiziert jetzt mit den lieben Engeln, die auch nicht viel besser sein können, als er es war" [S.54/7-9f]

Denn- wie man am letzteren Zitat erkennen kann- ist Jakob kein sehr begnadeter Künstler gewesen, obzwar er die Musik liebte. Bereits bei der ersten Beschreibung von ihm, fällt auf, dass er sich von anderen Musikern deutlich unterscheidet, indem er „eine unzusammenhängende Folge von Tönen ohne Zeitmaß und Melodie" [S.7-8/35f,1-2f] auf seiner Geige spielt, und diese noch von einem Notenblatt abzulesen behauptet! Die Tatsache, dass er nicht fähig ist einen einfachen Walzer aus dem Gedächtnis zu spielen, macht ihn zum Gespött der Leute und bringt ihm keine einzige Münze ein. Wie kann es also möglich sein, dass Jakob mit „ungetrübter Heiterkeit" [S.8/24-25f] seinen leeren Hut aufsetzt und mit den Worten „Sunt certi denique fines" das Volksfest, wo er noch so viel verdienen hätte können, verlässt?

Eben diese Frage weckt den „anthropologischen Heißhunger" [S.8/31-32f] des Erzählers: Er und der Leser beginnen Vermutungen über diesen merkwürdigen Spielmann aufzustellen, die nicht nur den unfruchtbaren Kunsteifer, sondern auch die lateinischen Worte betrifft, die auf eine gute Erziehung schließen lassen. Was der Erzähler auf seine Fragen jedoch zur Antwort bekommt, ist lediglich die Aussage: „Erstens war ich nie ein Nachtschwärmer und halte es auch nicht für recht, andere durch Spiel und Gesang zu einem solchen widerlichen Vergehen anzureizen; zweitens muss sich der Mensch in allen Dingen eine gewisse Ordnung festsetzen, sonst gerät er ins Wilde und Unaufhaltsame. Drittens endlich- Herr! Ich spiele den ganzen Tag für die lärmenden Leute und gewinne kaum kärglich Brot dabei, aber der Abend gehört mir und meiner armen Kunst." [S.11/6-7f] Hier kommt die philosophische Seite des Spielmannes, als auch sein Verständnis der Musik zur Geltung: Für ihn stellt diese Tonkunst keine Sammlung von lediglich einstudierten Gassenhauern oder Melodien von Deutschwalzern dar; er spielt und phantasiert für Gott und macht Musik zum zentralen Bestandteil seines Lebens. Denn was hätte ihm noch übrig bleiben können? Er selbst ist immer schon ein schwacher und träumerischer Mensch gewesen, der sich gegen alles, was in seiner Umwelt passiert, abkapselt. Er kümmert sich weder um seinen Stand, noch um seine Rechte und fühlt sich in der Rolle als Kanzleischreiber, wo ihn jeder in Ruhe lässt am wohlsten. „Da war ich recht an meinem Platze. Ich hatte immer das Schreiben mit Lust getrieben, und noch jetzt weiß ich mir keine angenehmere Unterhaltung, als mit guter Tinte auf gutem Papier Haar- und Schattenstriche aneinanderzufügen zu Worten." [S.22/23-27f] Aber selbst als Kanzleischreiber kann er sein Glück wegen seiner Weltfremdheit und seinem Widerwillen gegen die gesellschaftlichen Mechanismen, die ihm gegenüberstehen („Sie spielen Wolfgang Amadeus Mozart und den Sebastian Bach, aber den lieben Gott spielt keiner." [S.25/8-10f]), nicht finden. Grillparzer kritisiert oder zeigt zumindest mit Jakobs Versagen in Beruf und Gesellschaft auf, dass eine solche Abkehrung zur Verarmung führt, also Lebensstandard nur durch Leugnung der eigenen Einstellung, durch Konformität gegenüber der Gesellschaft erreicht werden kann. Dass der Spielmann diese einfache Wahrheit nicht begreift, macht ihn in den Augen des Lesers naiv, ja fast zum törichten Menschen, dem es an Intelligenz mangelt.

Selbst Barbara, die der Spielmann als ein nicht sehr schönes, zu kleines, stämmiges Mädchen mit Pockengruben beschreibt, sieht ein, dass der Alltag mit vielen kleinen Notlügen gepflastert ist, und dass damit das gesprochene Wort nichts mehr bedeutet. „Erstlich meinte sie, man müsse entweder singen oder das Maul halten, zu reden sei da nichts." [S.41/6-8f] Von einem Vater aufgezogen, der ein typischer Bürger dieser Zeit, traditionell und engstirnig ist, ist sie sich deshalb auch bewusst, dass dieser sie nur des Geldes wegen an Jakob anzubringen versucht. Man denke nur an die Szene, wo Jakob ihren Vater, den Griesler, darauf aufmerksam macht, dass er der Sohn des Hofrats ist: „Mir sind im Leben viele Veränderungen vorgekommen, aber noch keine so plötzliche, als bei diesen Worten in dem ganzen Wesen des Mannes vorging. Der zum Schmähen geöffnete Mund blieb offen stehen, die Augen drohten noch immer, aber um den untern Teil des Gesichtes fing an eine Art Lächeln zu spielen, das sich immer mehr Platz machte." [S.33/31-35f] Mit dieser offenkundigen Darlegung, dass es ihm nur darum geht, dass der Bewerber seiner Tochter ein wohlhabender Mann ist, wird auch klar, dass dem Griesler Barbaras eigentliches Glück, das sie mit Jakob hätte teilen können, herzlich egal ist. Denn, obwohl Barbara Jakobs Lebensuntüchtigkeit verachtet, fühlt sie sich doch von seiner Liebenswürdigkeit und seinem Charakter angezogen. So ist sie entzückt als der „Liebhaber der Tonkunst" [S.28/31f] sie bittet ihm die Noten eines Liedes zu besorgen, das sie immer singt und das ihm besonders gefällt. Sie spielt sogar später auf eine gemeinsame Zukunft an: „Aber wenn Sie Vertrauen zu mir haben und gerne in meiner Nähe sind, so bringen sie den Putzladen an sich […] Was sich etwa noch weiter ergäbe, davon wollen wir jetzt nicht reden." [S.44-45/34-35f,1-7ff] Es stellt sich dem Leser jedoch immer wieder die Frage, ob es eigentlich die Liebe ist, die das arme Mädchen dazu drängt, solche Äußerungen zu machen: Nicht nur, dass sie nicht sicher sein kann, ob Jakob sie wirklich liebt (immerhin zeigt er seine Zuneigung immer nur dann, wenn sie das bestimmte Lied singt), es ist möglich, dass ihr Wunsch mit Jakob zusammen zu leben, auf reinem Selbsterhaltungstrieb beruht. Sie ist sich bewusst, dass er schwach und „immer auf Nebendinge gerichtet"

[S.43/34f] ist, aber- wohlwissend, dass ihr Vater nur den *reichen* Jakob und den wohlhabenden Fleischhauer als Bewerber akzeptiert, zieht sie den ersteren dem „derben, rüstigen Mann" [S.32/4f] vor. Als Jakob nun die ganze Erbschaft verliert, ist sie enttäuscht und meint: „Ich bin gekommen, um Abschied zu nehmen. Ja, erschrecken Sie nur. Ist's doch Ihr Werk. Ich muss nun hinaus unter die groben Leute, wogegen ich mich so lange gesträubt habe." [S. 49/19-21f] Bei solchen Worten, die noch dazu von Tränen und von unwilligem Kopfschütteln begleitet sind, wird dem Leser klar, dass sich hinter der resoluten Barbara, die eigentlich nie ihre Gefühle preisgibt, eine Frau versteckt, die verzweifelt versucht ihrem Schicksal auszuweichen, das ihr herzloser Vater anmaßt zu gestalten- „von ihrem Vater gedrängt and an allem übrigen verzweifelnd" [S.50/24-25f].

Dennoch hat Barbara auch echte Liebesgefühle für Jakob empfunden, wie Grillparzer am Schluss zeigt: Nicht nur Mitleid scheint in dieser Beziehung eine große Rolle gespielt zu haben, auch wahre Liebe hat sich eingemischt. Als der Ich- Erzähler nämlich die Geige des Verstorbenen kaufen will, weigert sich Barbara mit den Worten: „Die Geige gehört unserem Jakob (sie hat ihren ersten Sohn so genannt), und auf ein paar Gulden mehr oder weniger kommt es uns nicht an!" [S.56/20-22f], während ihr Tränen stromweise über die Backen laufen.

Letztere Szene ist besonders wichtig, da es auch die Veränderung des Erzählers, des „dramatischen Dichters" [S.5/22f], zeigt: Hat er vorher nur ein berufliches Interesse an Jakob, so ist er nun besorgt um den Bettelmusikanten und hat erkannt, dass Barbara die Geige viel bedeutet. Als er sich am Anfang nämlich unter das Volk mischt, sucht er nur ein Beobachtungsobjekt, das für eine interessante Geschichte sorgen könnte. Er amüsiert sich regelrecht beim Anblick des armen Musikanten, indem er ihn als ein „Original" [S.8/16f] beschreibt und das Verständnis für die Ansichten Jakobs nur vorheuchelt. Dies kann man besonders gut am Ende der erzählten Lebensgeschichte erkennen: „Endlich hatte ich's satt, stand auf, legte ein paar Silberstücke auf den nebenstehenden Tisch und ging, während der Alte eifrig immer fortgeigte." [S.52/19-22f] Sein Interesse ist damit verflogen- „Die neuen Bilder hatten die alten verdrängt..." [S.52/25-26f] Bei optimistischer Betrachtung lässt sich eine positive Schreibintention des Ich- Erzählers am Schluss herauslesen: Er, der die Welt immer nur nach materiellen Werten betrachtet hat, hat aus dieser Geschichte selbst gelernt und erkannt, dass es auch einen nicht gering zu schätzenden immateriellen Wert der Dinge gibt, der für manche Menschen einen hohen Stellenwert in ihrem Leben darstellt. Grillparzer könnte uns somit mit dem Charakter des Erzählers ermahnen, die kleinen Dinge im Leben nicht zu unterschätzen, was sich nicht nur im unsympathisch wirkenden Verhalten äußert, sondern auch im Stil des Erzählers.

Der Leser denke nur an die Beschreibung, die der „leidenschaftliche Liebhaber der Menschen" [S.5/21-22f] beim Anblick der Flutkatastrophe anstellt: Wie ein außenstehender Berichterstatter meint er kühl, dass „eine Reihe von Leichen, offenbar behufs der amtlichen Inspektion zusammengebracht und hingelegt" [S.53/17-19f] wurden und, dass „im Innern der Gemächer noch hie und da, aufrecht stehend und an die Gitterfenster angekrallt, verunglückte Bewohner zu sehen waren- es fehlte eben an Zeit und Beamten, die gerichtliche Konstatierung so vieler Todesfälle vorzunehmen." [S.53/19-25f] Hinzu kommt der Sarkasmus, der von Unmengen von Metaphern begleitet wird, die bei genauer Analyse bereits das Ende der Geschichte transparent machen, wie z.B. die Metapher „die geschwollnere Woge des Volkes" [S.3/28f] und „der Strom des Volkes" [S.3/30-31f], die auf die Überschwemmung am Schluss hindeuten. Allerdings können die letzteren Metaphern auch die politische Situation um 1848 betreffen, nämlich die Revolution, die durch die sogenannte „Arbeiterfrage", in manchen Ländern auch durch die „Bauernfrage", ausgelöst wurde. Der Dichter beschreibt mit den vielen Metaphern sichtlich die angespannte Situation der Bevölkerung, und kombiniert sie mit psychologischen und kunsttheoretischen Elementen, die in der Lebensgeschichte des Spielmanns vorkommen. „Herr, die Rede ist dem Menschen notwendig wie Speise, man sollte aber auch den Trank rein erhalten, der da kommt von Gott." [S.25/33-34f] Damit repräsentiert der alte Spielmann mit seinem sehr anspruchsvollen Kunstverständnis, obzwar er sehr schlecht spielt, den Kunstbegriff seiner Zeit und zeigt sehr viele Gemeinsamkeiten mit seinem Schöpfer, dem österreichischen Dichter Franz Grillparzer, auf, der zwar wie der Bettelmusikant „rebellierte, aber niemals revoltierte" (aus „Das neue Tage-Buch"). In der Tat, Grillparzer schrieb selbst in sein Tagebuch, dass sein Hauptfehler darin bestehe, „dass ich nicht den Mut habe, meine Individualität durchzusetzen. Über dem Bestreben, es allen recht zu machen und mich ja im Äußerlichen nicht zu sehr von den anderen zu unterscheiden, werde ich endlich wie die andern und die Gewohnheit macht gewöhnlich." Wie es aussieht hat der arme Geiger, der 1830 in das anfangs bereits erwähnte Gasthaus kam, den Dichter mehr als nur beeindruckt- er hat ihn dazu motiviert Parallelen zwischen seinem eigenen und dem Leben des Geigers aufzustellen! Eben diese Parallelen kommen in der Erzählung zur Geltung. Man schaue sich z.b. die Herkunft Grillparzers an und vergleiche diese mit der des Spielmannes:

Der Autor, der 1791 in Wien geboren wurde, wurde von einem sehr strengen Vater, der den Beruf eines Rechtsanwaltes ausübte, und einer künstlerisch begabten Mutter, die jedoch psychisch krank war, aufgezogen. Er verlebte eine traurige Jugend, blieb den Dienstboten überlassen und begann schon frühzeitig sich und andere Menschen zu beobachten. Hier könnte man also bereits eine Gemeinsamkeit zwischen Grillparzer und dem Geiger, der auch einen „heftigen und ehrgeizigen" [S.20/15f] Vater hatte, der ihm die Jugend zur Hölle machte, erkennen. Des weiters genossen beide eine gute Ausbildung, die bei Grillparzer Jus, später aber auch die österreichische Geschichte umfasste. Allerdings hatte Grillparzer schon immer einen Drang zur Poesie gefühlt, die „der Zweck meines Lebens ist" (aus Grillparzers Tagebuch), was sich bereits ein paar Jahre nach dem Studium in der mit Erfolg aufgeführten Schicksalstragödie „Die Ahnfrau" äußerte. Später folgten berühmte Werke wie „Das Goldene Vlies" (1821), „König Ottokars Glück und Ende" (1825), „Des Meeres und der Liebe Wellen" (1840), „Der Traum ein Leben" (1840) und „Ein treuer Diener seines Herrn" (1848). Letzteres wurde jedoch mit scharfer Kritik aufgenommen und war schließlich Ursache für Grillparzers Zurückziehen. Wie der Geiger lebte er als Außenseiter- natürlich in besseren Verhältnissen- und widmete sich voll und ganz seiner poetischen Kunst. Bedeutende Werke wie „Der arme Spielmann" (1848), „Die Jüdin von Toledo" (1872) und „Ein Bruderzwist im Hause Habsburg" (1872) entstanden zu dieser Zeit und wurden schließlich der Grund für die zahlreichen Ehrungen, die der bereits alte Franz Grillparzer erhielt. Dabei wäre z.B. die Mitgliedschaft der kaiserlichen Akademie der Wissenschaften, der Ehrendoktor-Titel, sowie die Erhebung zum Ehrenbürger der Stadt Wien zu nennen- zahlreiche Anerkennungen, die ihren Höhepunkt im *Grillparzer Preis* erreichten, den seine Verlobte Katharina Fröhlich nach seinem Tod 1872 stiftete. Die „ewige Braut", wie Katharina Fröhlich von einigen Leuten scherzhaft genannt wurde, war

52 Jahre lang mit Grillparzer verlobt, da ihm- laut seinem Cousin- „zum Heiraten der Mut fehlte". Diese Situation wird auch in „Der arme Spielmann" reflektiert: Ob das bloße Unvermögen des Spielmannes in weltlichen Dingen verantwortlich ist, oder ob der „Künstlerseele" eine bürgerliche Liebesbeziehung unmöglich ist- jedenfalls kommt es zu keiner entschiedener Werbung um Barbara. Stattdessen ist der Leser gezwungen Jakobs Zweifel über sich ergehen zu lassen: „Zu schnell anfragen schien mir unhöfliche Zudringlichkeit, allzu langes Warten konnte für Gleichgültigkeit ausgelegt werden." [S.31/3-6f] Doch diese Zerrissenheit im Wesen des Spielmannes und damit auch Grillparzers zeigt sich nicht nur im Verhältnis zu Frauen, sondern insgesamt gegenüber der Gesellschaft! Auf der einen Seite war Grillparzer wie der Erzähler, der sich „dem Zug der Menge" [S.7/1f] hingibt und zum gewöhnlichen Bürger wird, auf der anderen Seite der Spielmann, der „sich mühsam durch die dem Feste zuströmende Menge in entgegengesetzter Richtung" [S.8/28-29f] hindurcharbeitet. Diese Metaphern unterstreichen somit deutlich Grillparzers „Doppelexistenz", als einer, den nur die Unlust und die Unfähigkeit daran hindern gegen die damalige Gesellschaft anzukämpfen.

Diese wurde durch die napoleonischen Kriege bis 1814 aus ihrem politischen und wirtschaftlichen Gleichgewicht gebracht- liberale und nationale Strömungen wurden von Metternich, der einen Polizeistaat aufbaute, unterdrückt. Das Bürgertum wurde von jeglichen Staatsgeschäften ferngehalten, was dazu führte, dass man sich immer mehr ins Private zurückzog. Der „Biedermeier" (1815-1848) - wie die Epoche zwischen Realismus und Romantik aufgrund von parodistischen Gedichten genannt wurde- bestand für die Gesellschaft vor allem darin Konzertabende, Tanzlokale und Kaffeehäuser zu besuchen. Dies bedeutete zwar eine kulturelle Hochblüte, allerdings waren die Künstler wegen der Zensur in ihrer Freiheit eingeschränkt und bearbeiteten deshalb Themen, die weitgehend unpolitisch waren.

Dennoch sind kritische Töne in Grillparzers Rahmennovelle hörbar: Nicht nur, dass er „den Menschen bereits als ein gebrochenes und durch seine Umwelt vielfach bedingtes Wesen" sieht (aus „Die Deutsche Novelle von Goethe bis Kafka" (von Benno v. Wiese)), was schon sehr stark an den Realismus erinnert, es lassen sich zudem in „Der arme Spielmann" Zeichen gesellschaftlichen Wandels und Widerstands erkennen. Die ihre Zeit so prägende Musik der „Wiener Klassik" beginnt ihre Wirkungskraft zu verlieren. Der Spielmann bedauert, dass die Musik zunehmend an Geist einbüßt und zur bloßen Unterhaltung verkommt. Wohlbemerkt, in einer Welt, in der die freie Meinungsäußerung eingeschränkt ist, sollte es genau umgekehrt sein: Gesellschaftskritik konnte im Biedermeier nur indirekt ausgedrückt werden und, obzwar die Musik gewisse Emotionen erregt, ist es doch schwierig nachzuvollziehen, was sich der Komponist dabei gedacht hat. Somit müsste die Musik- sowie die literarischen Werke- in eine märchenhafte Zauberwelt, damit kein direkter Bezug zur Realität hergestellt werden kann, gehoben werden und keine bloße Unterhaltung darstellen. „Die Musik schließt", wie E.T.A. Hoffmann einmal richtig bemerkte, „dem Menschen ein unbekanntes Reich auf; eine Welt, die nichts gemein hat mit der äußern Sinnwelt... und in der er alle durch Begriffe bestimmbaren Gefühle zurücklässt, um sich dem Unaussprechlichen hinzugeben." Man kann also sogar soweit gehen, die Musik als einen Ausdruck freien Geistes zu bezeichnen, als eine Art verborgenen stillen Widerstand. Komponisten wie Schumann, der seine Kritik vor allem in seiner zweiten Sinfonie hörbar machte, und der einfache Spielmann stellen demnach mit ihrer Kunst die Gesellschaft in ein negatives Licht, und versuchen gleichzeitig ihrem Kunstideal- einer höheren, inneren Form der Musik- gerecht zu werden. Wenn Jakob nach der Phantasie spielt, nähert er sich gewissermaßen, wenn auch spieltechnisch sehr unvollkommen, seinem Ideal der göttlichen Harmonie an. „Indem ich nun diese Stücke spiele, [...] bezeige ich meine Verehrung den nach Stand und Würde geachteten, längst nicht mehr lebenden Meistern und Verfassern, tue mir selbst genug und lebe der angenehmen Hoffnung, dass die mir mildest gereichte Gabe nicht ohne Entgelt bleibt durch Veredlung des Geschmackes und Herzens." [S.12/26-33f] Der Spielmann versucht mit dem Streben nach vollkommener Kunst, bzw. absoluter Musik auch Gott zu erreichen, die Musik- gleich Hoffmann- als ein Mittel betrachtend, das unaussprechliche Gefühle wiedergibt, ein Kommunikation zu Gott aufstellen kann.

Ist es demnach die Liebe zu *Barbara*, die ihn dazu bewegt sich ständig bei ihr aufzuhalten, oder die Liebe zu ihrem *Lied*, dessen „Ton in mein Inneres hinein und aus dem Innern wieder heraus" [S.24/23-24f] drang? Wohlbemerkt, es ist nämlich dieses eine Lied, das ihn dazu motiviert auf der ursprünglich verhassten Geige zu spielen, die Luft „mit

Trunkenheit" [S.24/25f] erfüllt zu sehen und sich von „Gottes Finger" [S.24/22f angerührt zu fühlen- das Lied, das ihm als eine göttlich formierte Reihe von Noten erscheint. Jakob redet sogar von der „Begierde, *es* zu haben" [S.30/9f], was im Leser die Vermutung weckt, dass Barbara sich nur geirrt hätte, wenn sie Jakob geheiratet hätte. Warum? Nun, es gab schon sehr viele Künstler und Wissenschaftler, die einzig und allein ihrem göttlichen Ideal entgegenstrebten und deren Ehepartner komplett unglücklich wurden. So muss z.b. Mileva Einstein den Tag, an dem sie das Genie des Jahrhunderts geheiratet hatte, verflucht haben; sie ertrug Einsteins Launen, litt oft an Depressionen und musste zusehen, wie ihr Ehemann den Selbstmordversuch ihres Sohnes auf die leichte Schulter nahm. Das gleiche Schicksal- wenn nicht Schlimmeres- hätte Barbara ertragen müssen, immer der Tatsache bewusst, dass Jakob nur *eine* wirkliche Geliebte hat, die Musik, bzw. die vollendete Musik. Besonders in der Schlussszene wird dieser Gedanke seiner schrittweisen Erkenntnis des Göttlichen noch einmal eindrucksvoll aufgegriffen. Bevor er endgültig stirbt, richtet „er sich plötzlich im Bette auf, wendet Kopf und Ohr seitwärts, als ob er in der Entfernung etwas gar Schönes hört, lächelt, sinkt zurück und ist tot." [S.54/28-32f] Der Spielmann denkt nicht an Barbara, sondern meint *die* Musik zu hören, die ihn als glücklichen Mann, der sein Ziel erreicht hat, sterben lässt. Es wird hier aber nicht nur die Liebe zur Musik, sondern auch der damit gleitende Übergang vom Leben in den Tod, von der menschlichen Welt zu Gott von Grillparzer deutlich gemacht- als ob die „Künstlerseele" nie für diese Welt geschaffen war. Und wirklich- es zeigen sich enorme Widersprüche zwischen dem Spielmann und der Welt, zwischen seiner Phantasie und der Wirklichkeit, was der Erzähler in den Worten „Obgleich es im Grunde allerdings ein Phantasieren war, für den Spieler nämlich, nur nicht auch für den Hörer" [S.15/17-19f] sehr trefflich ausdrückt. Es scheint, dass sich eine gewisse „Grenze" zwischen dem armen Bettelmusikanten und der damaligen Gesellschaft befindet, „sunt certi denique fines" [S.8/26f]. Diese lateinischen Worte von dem römischen Dichter Horaz, die übersetzt „Kurz, es gibt feste Grenzen" bedeuten, bilden das Leitmotiv der Erzählung, indem sie als ständige Begleiter von Jakobs Leben fungieren: Schon bei der ersten Begegnung befindet sich der Spielmann „an den Propyläen" [S.7/11-12f], die Grenze zwischen der eigentlichen Stadt Wien und ihren Vorstädten, somit zwischen den Wohngebieten des einfachen Volkes und denen des etablierten Bürgertums und des Adels.

Mit diesem anfangs ganz unwichtig erscheinenden Detail könnte Grillparzer schon darauf angespielt haben, dass der Spielmann geistlich zu den wohlhabenden Bürgern gehört, wegen seiner finanziellen Lage jedoch die Grenze zwischen arm und reich nicht überqueren kann. Auch der merkwürdige dicke Kreidestrich, der in Jakobs ärmlicher Behausung „einen grellen Abstich von Schmutz und Reinlichkeit" [S.16/34-35f] bildet und den seine Mitbewohner nicht überschreiten dürfen, repräsentiert eine Grenze zwischen der unordentlichen Welt des Handwerks zu der ordentlichen und reinen Welt des Bürgertums. Es folgen später unzählige weitere Metaphern, wie die Beobachtungen durch ein Fenster, die für ihn unüberbrückbare Grenze zu seinem Geld, sowie die Glasscheibe, durch die er versucht Barbara zu küssen, womit schon wieder deutlich wird, dass ein Liebesverhältnis zu Barbara wegen Jakobs Besessenheit nie möglich gewesen wäre. Kurz- es gibt Grenzen über Grenzen, und jenseits liegt, wie Horaz als auch der Spielmann meinten, „das Wilde und Unaufhaltsame" [S.11/3-4f]. Genau dieses „Unaufhaltsame" kommt bei der Rettungsaktion des Geigers zum Vorschein: Der Alte hat sich anfangs wie gewöhnlich eine Grenze zum Hochwasser und seiner sonstigen Umwelt geschaffen, indem er „da oben sicher in seiner Kammer" [S.54/10f] saß. Doch es sind die Schreie der Kinder, die ihn dazu bewegen aktiv zu werden, seine räumliche, als auch fiktive Grenze zu überschreiten und ins wirkliche Leben zu treten, in das „Unaufhaltsame". Er rettet die Kinder und was passiert, jetzt, da er endlich lebenstaugliches Verhalten zeigt? Er stirbt. Als ob sein poetisches Gemüt dafür bestimmt gewesen wäre zu sterben, was bereits einen romantischen Charakterzug aufweist. Es ist klar, dass Grillparzer nicht nur den zeitgeschichtlichen Geist wiedergibt, der im Biedermeier in der Abgrenzung zwischen dem öffentlichen und privaten Leben bestand, sondern sich auch mit dem psychologischen Problem eines Menschen befasst, der mit einer „gewissen Ordnung" [S.11/2-3f] im Leben, das vollkommen unordentlich ist, glücklich und zufrieden leben will. Doch wer hat noch keine Situationen erlebt, die gänzlich aus dem ordentlichen Rahmen herausfallen? Welcher liebende Mensch hat noch nicht eingesehen, dass in der Liebe chaotische Gefühle herrschen? Und sie nicht in Ordnung zu bringen sind? Solche Tatsachen zu leugnen, wäre töricht. Ich zweifle nicht, dass man sich eigene Grenzen in gewissen Bereichen ziehen *muss*, wie z.B. in seiner Moral, aber sich Grenzen in „allen Dingen" [S.11/2f] des Alltags festzusetzen, könnte allenfalls in einer komischen Erzählung ein gutes Ende finden, was „Der arme Spielmann" als tragische Novelle nicht darstellt.

Schon allein aufgrund der Tatsache, dass sich Grillparzer um 1848 in einer tristen Lage befand, ist es verständlich, dass er die Erzählung tragisch enden ließ: Er hatte, wie auch seine Zeitgenossen (Nestroy, Mörike, Heine, Stifter), mit der Zensur zu kämpfen, die dafür sorgte, dass jeglicher Versuch eines Aufstandes „im Keim erstickt werde". Verdrossen schrieb er in sein Tagebuch: „Wollte Gott, Gedrucktes und Geschriebenes hätte so viel Einfluss auf die Menschen, als die Regenten ihre Zensoren fürchten! Bei den unzähligen guten Schriften, die wir haben, müsste die Welt schon lange besser geworden sein, als sie ist!" Unter diesen Schriften kann man nicht nur die durchaus belehrende Erzählung „Der arme Spielmann" finden, sondern auch Adalbert Stifters Erzählungen „Turmalin" und „Katzensilber", wo zahlreiche Motive aus „Der arme Spielmann" eingebaut sind: Man denke nur bei „Katzensilber" an die Binnenerzählungen der Großmutter, die sich in der Haupthandlung widerspiegeln, sich ähnlich wie Katzensilber im Gestein finden. Oder bei „Turmalin" an den Sonderling, der zuerst verschwindet und in einer vollkommen veränderten Lage wiedererscheint. Adalbert Stifters Schaffen war also- wie bei Grillparzer-vom Josephinismus, der österreichischen Ausprägung der Aufklärung, geprägt, wobei Grillparzer sich noch ernstlich mit der theatralischen Barocktradition, mit dem Humanitätsgedanken der Weimarer Klassik und mit dem spanischen Barockdrama (de la Barca, de Vega) befasste. Von letzterem ist in der Rahmennovelle zwar nicht sehr viel zu entdecken, aber man schaue sich nur Grillparzers Drama „Der Traum ein Leben" (1834) an, um festzustellen, dass sehr viele spanische Barockelemente eingebaut sind; selbst der Titel spielt bereits auf Calderón de la Barcas Werk „Das Leben ein Traum" (1636) an. Wohlbemerkt, dieses Drama wurde von Grillparzer mit Erfolg aufgeführt, während „Der arme Spielmann" bis ins 20. Jahrhundert warten musste, bis es schließlich mit Begeisterung gelesen, analysiert und auch aufgeführt wurde. Filme über diesen konkreten Stoff wurden zwar noch nicht gemacht, allerdings wurde die Idee schon in anderen Büchern (Adalbert Stifters „Bunte Steine") und Filmen aufgegriffen. Themen, wie das Erstreben eines Kunstideals, Grenzsetzung und Außenseiterdasein bleiben immer viel diskutierte Aspekte des Lebens- genauso wie das ehrliche Wesen, das der Spielmann besitzt.

Die Geschichte mag zwar gut und mit Stil geschrieben sein, doch ist es des Spielmanns Charakter, der dem Leser sofort Bescheid gibt, dass es kein gutes Ende nehmen wird. Grillparzer hat die beeindruckende Erscheinung des Geigers wunderbar wiedergegeben, Mitleid erregt und bei mir das Bild des Faust in Erinnerung gerufen: War letzterer nur durch seine Vernunft und die Wissenschaft zu einem Außenseiter der Gesellschaft und des Lebens an sich geworden, so musste doch der musikbesessene Spielmann auch „zu Grunde gehn!" (aus Goethes „Faust")

Quellen:
a) **Primärliteratur:** Grillparzer, Franz: Der arme Spielmann. Eine Erzählung (1848)
Reclam-Verlag. Stuttgart, 1970
b) **Sekundärliteratur:** http://de.wikipedia.org/wiki/Der_arme_Spielmann
http://www.zum.de/Faecher /D/BW/gym/Novellen/grillparz.htm
http://de.wikipedia.org /wiki/Franz_Grillparzer
http://www.lesekost .de/deutsch/au/HHLAU02.htm
http://referateguru.heim.at/Biedermeier.htm
Stichwort Literatur (Geschichte der deutschsprachigen Literatur): S.208-213